NOTICE

TITRES ET TRAVAUX SCIENTIFIQUES

DE M. L'ABBÉ AOUST,

CHANOINE HONORAIRE,

PROFESSEUR A LA FACULTÉ DES SCIENCES

DE MARSEILLE.

NOTICE

SUR LES TITRES ET TRAVAUX SCIENTIFIQUES

DE M. L'ABBÉ AOUST,

CHANOINE HONORAIRE,

PROFESSEUR A LA FACULTÉ DES SCIENCES DE MARSEILLE.

§ I

Grades Universitaires.

Licencié ès-sciences physiques, 1844,

Docteur ès-sciences mathématiques, 1844,

Agrégé de l'Université pour les sciences mathématiques, 1846.

Fonctions Universitaires.

Professeur de Mathématiques au Collége Stanislas à Paris, 1844,

Professeur de Mathématiques au Lycée de Strasbourg, 1847,

Professeur de Mathématiques pures à la Faculté des Sciences de Besançon, 1849,

Professeur de Mathématiques pures et appliquées à la Faculté des Sciences de Marseille depuis 1854.

Titres Académiques.

Membre de l'Académie des Sciences, Belles Lettres et Arts
de Marseille,
Membre de l'Académie (l'Arcadia) de Rome.

Décorations.

Chevalier de la Légion d'honneur,
Officier de l'Instruction publique.

Récompenses

Prix décerné ... M. le Ministre ... l'Instruction publique
Médaille d'argent au concours des Sociétés savantes 1869
Médaille d'or au concours des Sociétés savantes 1873.

§ II

MÉMOIRES SCIENTIFIQUES.

1° *Sur l'Intégration des équations simultanées aux diffé-*
rences partielles.

(Première thèse pour le doctorat, 1844.)

Poisson, après avoir exposé, dans son *Traité de la Cha-*
leur, une méthode d'intégration de l'équation aux différences partielles du premier ou du second ordre par
rapport au temps et par rapport aux variables qui fixent
la position du point, s'exprime ainsi, pag. 166 : « Je crois
mon procédé applicable à tous les cas, soit que la question ne présente qu'une seule inconnue, soit qu'on ait
à déterminer plusieurs inconnues dépendantes d'un pa-
reil nombre d'équations aux différences partielles, simultanées. » La présomption de l'illustre géomètre avait
besoin, à cause de l'importance de la question, d'être
confirmée par une démonstration. Cette démonstration,
qui n'est pas sans difficultés analytiques, est l'objet de
cette première thèse.

2° *Sur les Oscillations des cordes pesantes, flexibles et*
élastiques.

(Deuxième thèse pour le doctorat, 1844.)

Cette seconde thèse est une application des fonctions
de Sturm, et de leurs propriétés.

3° *Sur les loxodromies considérées sur les surfaces de*
révolution.

(Journal de mathématiques de M. Liouville, tom. XI, 1846.)

La résolution de cette question est appliquée à plusieurs problèmes de géométrie et de mécanique condui-

sant à la trajectoire sous angle constant des lignes méri-
diennes de la surface.

4° *Calcul de l'éclipse-annulaire de soleil du mois d'octo-
bre 1847.*

(Comptes rendus des séances de l'Académie des Sciences de Paris,
tom. XXI, 1847.)

Ce calcul, vérifié par les observations, a été d'une exac-
titude complète.

5° *Des Courbes sur lesquelles le temps de descente d'un point
pesant, est une fonction algébrique donnée de la hauteur.*

(Nouvelles annales de mathématiques publiées par MM. Terquem
et Gerono, tom. XI, 1850.)

Cette question conduit à une équation différentielle de
l'ordre n. Elle est intégrée complètement par une suite
d'équations différentielles successives du premier ordre.
Cette méthode d'intégration par *Cascades* permet à l'auteur de déterminer avec non moins de facilité les n cons-
tantes arbitraires introduites par l'intégration.

6° *Sur les développées obliques conjuguées des courbes planes.*

(Comptes rendus, tom. XXVIII, 1850.)

Trois équations fondamentales appliquées à cette théorie, donnent la position du point de contact, le rayon
de courbure et la rectification de la courbe. La théorie
des caustiques, la théorie des roulettes et du mouvement
d'une figure invariable, ou variable d'après des lois données, sont des cas particuliers de la méthode générale
qui a été suivie. Ces questions sont venues à l'ordre du
jour, 15 ans après ce travail.

7° *Sur les Epicycloïdes et leur génération.*

(Mémoires de la Société d'émulation du Doubs, tom. III, 1853.)

C'est une application de la méthode précédente. L'auteur a voulu montrer avec quelle facilité cette méthode s'applique à une question complexe et intéressante.

8° *Sur la forme des Intégrales des équations simultanées aux différences partielles.*

(Journal de mathématiques de Crelle, tom. XLVIII, 1853.)

Lagrange, dans sa *Mécanique analytique,* donne une méthode remarquable pour l'intégration des équations simultanées, aux différences mêlées, c'est-à-dire contenant les différences et les différentielles des fonctions. Pour déterminer la forme des intégrales, il suppose que les équations aux limites sont finies. Or, la nature des questions de mécanique et de physique conduit à des équations aux limites, complexes. Ce sont des équations différentielles simultanées. Dans le mémoire en question, on suppose les équations aux différences partielles, et les équations aux limites, complexes, et l'auteur parvient à déterminer, dans ce cas général, la forme des intégrales, ainsi que les propriétés de l'équation relative au paramètre, dont les racines donnent les termes de la série intégrante.

9° *Théorie analytique des coordonnées cylindriques quelconques.*

(Comptes rendus, tom. XLVIII, 1859. — Journal de mathématiques de Crelle, tom. LVIII, 1860.)

Dans ce mémoire, un élément géométrique nouveau, *la Courbure inclinée des lignes coordonnées,* est introduit par l'auteur. Cet élément donne une forme simple aux variations des arcs, et des angles de contingence oblique de ces lignes. Il en résulte une expression nouvelle du théorème de Gauss.

10° *Propriétés nouvelles des lignes de courbure des surfaces du second degré.*

(Comptes rendus, tom. XLVIII, 1859.)

11° *Propriétés communes à un système de deux lignes de courbure d'une surface du second degré, et à un système de deux lignes droites.*

(Comptes rendus, tom. XLIX, 1859.)

Un théorème fondamental y est démontré. De ce théorème découle une théorie purement géométrique et élémentaire des lignes de courbure des surfaces du second degré.

12° *Sur une forme de l'équation géodésique ellipsoïdale propre à donner les propriétés communes aux courbes ellipsoïdales et à des courbes planes correspondantes.*

(Comptes rendus, tom. L, 1860)

Cette forme simple est féconde en applications, et dévoile quelques propriétés curieuses des lignes ellipsoïdales.

13° *Sur la courbure des surfaces du second degré.*

(Comptes rendus, tom. LI, 1860.)

Un théorème y est démontré donnant la construction des rayons principaux de courbure des surfaces du second degré. Ce théorème est analogue à celui dû à Newton pour la construction des rayons de courbure des coniques au moyen de la normale.

14° *Description des lignes de courbure des surfaces du second degré.*

(Comptes rendus, tom. LII, 1861.)

Ces cinq derniers mémoires ont été réunis en un seul, lequel a été l'objet d'un prix spécial décerné en 1861 par Son Excellence M. le Ministre de l'Instruction publique, sur le rapport du comité des sociétés savantes.

15° *Sur les surfaces du second degré doublement tangentes en leurs ombilics à deux sphères égales.*

(Comptes rendus, tom. LIII, 1861.)

L'auteur arrive à cette proposition : Etant données de grandeur et de position deux sphères égales, si l'on construit la série des surfaces du second degré doublement tangentes en leurs ombilics à ces deux sphères, et la série des surfaces de révolution du second degré inscrites ou circonscrites aux même sphères, la seconde série de surfaces coupe chaque surface de la première série suivant le réseau complet des lignes de courbure de cette surface.

16° *Théorie géométrique des coordonnées curvilignes quelconques.*

(Comptes rendus, tom LIV, 1862. —Annali di matematica, 1re série, tom. VI, 1862.)

Le problème des coordonnées curvilignes n'avait été résolu que dans deux cas particuliers : dans le cas où elles sont orthogonales, par M. Lamé, dans le cas où elles sont au nombre de deux, tracées sur une surface quelconque, par Gauss.

Ce problème posé d'une manière générale a été résolu pour la première fois, dans le présent mémoire. C'est à l'introduction dela *courbure inclinée* des lignes coordonnées, dont l'auteur fait un usage constant, qu'est du cette solution. Cet élément de son invention, ne lui sert pas seulement à éviter des calculs impraticables, mais il est un instrument précieux de transformation et de démonstration.

M. Lamé, dont le nom a tant d'autorité dans cette question, chargé par l'Académie de l'examen de ce mémoire, s'exprime ainsi dans une lettre adressée à l'auteur : « c'est à vous désormais qu'appartiendra la généralisation complète du nouvel instrument mahématique. »

17° *Des transformations doubles des figures. — Transformation par normales à la sphère réciproques.*

(Comptes rendus, tom. LVI, 1863.)

Dans ce système, la droite se transforme en conique ayant son foyer au centre de transformation ; le plan, en surface de révolution du second degré. On donne la construction par la règle, du point, de la tangente, du rayon de courbure de la figure transformée ; ainsi que les applications les plus intéressantes propres à ce système.

18° *De la courbure des surfaces quelconques.*

(Comptes rendus, tom. LVII, 1863. — Mémoires des sociétés savantes, tom. VI.)

La courbure d'une courbe quelconque tracée sur une surface est étudiée au moyen d'un système quelconque de coordonnées. Sa composante normale ne dépend dans ce cas le plus général que des composantes normales de la courbure propre et de la courbure inclinée des lignes coordonnées. Cette courbure se trouve par là exprimée d'une manière aussi simple que significative. Son expression donne lieu à des interprétations et à des conséquences développées dans le mémoire en question.

19° *Recherches sur les surfaces du second degré.* Première partie.

(Grand in-8°, Marseille 1864.)

Le premier chapitre est consacré à l'étude approfondie des lignes de courbure de ces surfaces. Le second chapitre, à celle des sphères doublement tangentes aux mêmes surfaces.

20° *Recherches sur les surfaces du second degré.* Deuxième partie.

(Grand in-8°, Marseille 1867.)

Le troisième chapitre est consacré à l'étude des surfaces du second degré qui ont une intersection commune; le quatrième à celles des courbes quelconques tracées sur les surfaces du même degré.

21° *Sur un double système de surfaces réglées résultant du mouvement d'une droite*

(Mémoires de l'Association Scientifique de France, 1866.)

Le mouvement d'une droite dans l'espace , lorsqu'un des points de cette droite parcourt une courbe quelconque, donne naissance au mouvement d'une seconde et d'une troisième droites, passant par ce point, et satisfaisant à cette condition que la seconde est perpendiculaire à deux positions infiniment voisines de la droite donnée, tandis que la troisième est perpendiculaire au plan des deux autres. Chacune de ces droites engendre une surface réglée, ordinairement gauche ; le plan de deux de ces droites quelconques enveloppe une surface développable. C'est l'étude de ces deux systèmes de surfaces, et des relations qui existent entre elles, qui fait l'objet de ce travail. Ces relations ont une importance géométrique par le jour qu'elles jettent sur la théorie des courbes et des surfaces réglées, elles n'ont pas une moindre importance mécanique et analytique , puisque d'une part, elles simplifient le problème du mouvement d'une droite, et que de l'autre, elles font connaître des formules dont la simplicité ne le cède pas à la généralité. Quant à la méthode suivie, elle est exclusivement géométrique, et par suite rapide et presque intuitive.

22° *Des Faisceaux des surfaces du second degré ayant une intersection commune.*

(Comptes rendus, tom. LXIV, 1867.)

Cette théorie repose sur un théorème, analogue à celui de M. Poncelet , sur l'existence de quatre cônes du second degré passant par l'intersection de deux surfaces du même degré. Ce second théorème n'est qu'un cas tout particulier du premier, lequel , à cause d'un certain paramètre, pouvant prendre toutes les valeurs possibles , donne naissance, pour chaque valeur de ce paramètre, à un système de quatre surfaces du second degré, passant par l'intersection de deux surfaces du même degré , la valeur nulle de ce paramètre donnant le système des quatre surfaces coniques. Un élément nouveau, introduit dans ces recherches, que l'auteur appelle *puissance d'un point par rapport à une surface*, donne une interprétation facile de l'analyse employée.

23° *Théorie géométrique des coordonnées curvilignes quelconque.* Deuxième partie.

(Annali di Matématica, 2me série, tom. I, 1867.)

Elle renferme des applications des équations établies dans la première partie, savoir : les théories des lignes de courbure, des lignes asymptotiques , des lignes géodésiques, des lignes à aire *maxima*, des lignes dont la cour-

bure propre, normale ou tangentielle, est une fonction
donnée. Dans chaque cas particulier, l'emploi de la
courbure inclinée des lignes coordonnées, conduit direc-
tement à l'équation différentielle propre au système de
coordonnées dont il s'agit, et dans le cas général, elle
donne ces équations se rapportant à un système quelconque, avec cet avantage que les coefficients de l'équation ont une signification géométrique déterminée.

24° *De la courbure inclinée des courbes coordonnées, et de
son rôle dans la théorie des lignes tracées sur les surfaces.*

(Comptes rendus, tom. LXV, 1867.)

25° *Théorie des courbes tracées sur les surfaces du second
degré.*

(Mémoires de l'académie de Marseille, 2ᵐᵉ série, tom. II. 1867.)

L'auteur fait dépendre l'étude de toute courbe tracée
sur une surface du second degré, d'une autre courbe
tracée sur un cône, cette seconde ayant avec la première
une relation si simple et si intime que lorsque les équations et les propriétés de l'une sont connues, les équations et les propriétés de l'autre s'en déduisent. De cette
manière, non seulement de longs calculs se trouvent
éludés, mais les propriétés géométriques sont mises en
évidence. La forme si expressive donnée par M. Liouville
à l'équation géodésique ellipsoïdale, le beau théorème
de M. Roberts sur l'invariabilité de la somme de deux
arcs géodésiques menés d'un point d'une ligne de courbure à deux ombilics, les théorèmes élégants de M. Chasles
sur le même sujet, et quelques relations nouvelles, sont
des conséquences immédiates de cette théorie.

§ III

DISCOURS SCIENTIFIQUES.

1° *Sur la Gravitation universelle.* — Discours d'inauguration du cours d'astronomie à la Faculté des Sciences de Marseille.

(Marseille 1857. — Revue des cours publics 1857.)

2° *De l'Influence de l'Astronomie sur la Géométrie.* —Discours d'ouverture — Année 1858.

(Marseille, 1858.)

3° *De l'Influence de l'Astronomie sur la Mécanique.* —Discours d'ouverture — Année 1859.

(Marseille, 1859.)

4° *De l'Esprit géométrique.* —Discours de réception à l'Académie des sciences, belles lettres et arts de Marseille, 1859.

(Mémoires de l'académie de Marseille, 1864.)

5° *Sur le Travail scientifique.* — Discours prononcé à la séance solennelle de la rentrée des Facultés, 1860.

(Marseille. 1860.)

6° *Sur Pythéas*, astronome Marseillais.

(Mémoires de l'Association scientifique de France. 1866.)

7° *Sur les Travaux et Découvertes de M. Le Verrier.*

(Mémoires de l'Académie de Marseille, 1865.)

8° *Sur l'Homme et la Science*. — Discours prononcé à la séance solennelle de l'Académie de Marseille, 1867.

(Mémoires de l'Académie, 2ᵐᵉ série, tom. 1.)

Marseille, 1ᵉʳ décembre 1867.

L'Abbé AOUST.

NOTICE SUPPLÉMENTAIRE

—

TRAVAUX PUBLIÉS DEPUIS 1867

———

§ II

26° *Sur la courbure des surfaces.*

(Journal *L'Institut* du 2 Janvier 1868).

Dans cette note présentée à la Société Philomatique de Paris, l'auteur fait connaître diverses expressions remarquables de la courbure d'une surface ; elles résultent de l'introduction des *Courbures inclinées* des lignes coordonnées tracées sur la surface, dans la théorie des coordonnées curvilignes.

27° *Sur un principe nouveau de la théorie des surfaces.*

(Journal *L'Institut* du 26 Février 1868).

Un élément plus général que la *courbure de la surface,* s'exprime avec la même simplicité que ce dernier élément, en fonction des variations des angles de contingence inclinée des lignes coordonnées, tracées sur la surface, et donne lieu à des relations analogues à celles qui se rapportent à la *courbure de la surface.* Or, comme le nouvel élément contient une fonction arbitraire de l'angle des lignes coordonnées, il en résulte une série de théorèmes analogues au théorème de Gauss, sur les polygones géodésiques. Cette seconde note, présentée aussi à la Société Philomatique de Paris, est consacrée à développer les propriétés du nouvel élément et les conséquences géométriques qui en résultent.

28° *Sur les traces qu'une normale à une surface en un point fait sur les plans normaux menés par un point infiniment voisin.*

(Comptes rendus, tom. LXVII, 1868).

Plusieurs géomètres, et Sturm en particulier, ont étudié les traces d'une normale à une surface en un point, sur deux plans normaux menés par un point infiniment voisin ; le but de cette troisième note, présentée à l'Académie des sciences, est de faire connaître des relations nouvelles auxquelles satisfont les distances de ces traces au plan tangent au point que l'on considère. Ces relations sont d'une grande simplicité et d'une grande généralité ; elles conduisent à des théorèmes nouveaux sur la courbure normale d'une ligne tracée sur la surface, sur la deuxième courbure géodésique de cette surface, et sur la flexion de la surface.

29° *Sur la courbure d'une surface en fonction des variations des arcs coordonnés quelconques tracés sur la surface.*

(Journal *L'Institut*, Août 1869.)

La courbure d'une surface s'exprime aussi en fonction des variations des lignes coordonnées tracées sur la surface. L'expression de cette courbure en fonction de ces variations était depuis longtemps connue dans le cas où les coordonnées sont le double système des lignes de courbure, ou bien un double système de lignes orthogonales. Dans cette nouvelle note présentée à la Société philomatique de Paris, la courbure d'une surface est calculée en fonction des variations des arcs coordonnés quelconques ; son expression est mise sous diverses formes simples. Le nouvel élément de surface dont il a été question dans le n° 27 de cette *Notice* est aussi calculé en fonction des mêmes variations. L'étude de ces diverses expressions conduit l'auteur à des théorèmes intéressants.

30° *Théorie des coordonnées curvilignes quelconques*, 2me *partie.*

(Annali di Matematica, serie II, tomo II).

Les formules générales établies dans la première partie de la *Théorie des coord. curvi.* sont appliquées dans ce Mémoire à l'étude des courbes tracées sur une surface quelconque. L'auteur insiste sur les simplifications que la *courburée inclinée* introduit dans ces sortes de questions. De nombreux problèmes y sont résolus.

31° *Théorie des coordonnées curvilignes quelconques*, 3me *partie.*

(Annali di Matematica, série II, tomo III).

Ce mémoire a pour but de déduire des formules établies dans la première partie de la *Théorie des coord. curv.*, les formules générales se rapportant à un système quelconque de lignes coordonnées tracées sur une surface. L'auteur trouve immédiatement ces formules en introduisant dans les équations obtenues dans la première partie de sa *Théorie*, l'hypothèse qu'une des trois surfaces cordonnées coupe orthogonalement les deux autres. Il obtient ainsi toutes les relations qui existent entre les deux lignes coordonnées tracées sur une surface. Ces relations forment deux groupes naturels; celles du premier groupe sont relatives aux courbures tangentielles, celles du second, aux courbures normales des lignes coordonnées. Il étudie successivement les formes de ces deux sortes d'équations, et il met en relief leurs principales conséquences.

32° *Analyse infinitésimale des courbes tracées sur une surface quelconque.*

(Publié à Paris : Gauthiers-Villars, 1869.)

Ce livre a pour but l'analyse systématique des courbes tracées sur une surface, au moyen d'un système quelconque de lignes coordonnées tracées sur cette surface.

Cette analyse est distincte de l'analyse des courbes en général. Celle-ci consiste dans l'étude de la courbe d'après ses projections sur deux plans , celle-là dans l'étude directe de la courbe, en ne faisant intervenir que la surface sur laquelle elle est tracée, de même que, dans l'analyse des lignes planes, on ne considère que la ligne et le plan qui la contient. A ce point de vue , l'analyse des courbes présente de grandes difficultés , mais, si l'on parvient à les résoudre , elle doit être préférée à toute autre , parce qu'elle a le double avantage de la régularité de la marche et de la généralité dans les résultats. Les formules que l'on obtient instruisent le géomètre sur les propriétés de la courbe en elle-même et sur l'influence de la surface qui la contient, et la théorie des courbes planes n'est plus qu'un cas particulier de la théorie des courbes tracées sur une surface quelconque. Sans doute , pour la simplicité du calcul , il peut être avantageux de ramener l'étude d'une courbe non plane à l'étude de deux courbes planes , parce que l'influence du plan consiste à faire évanouir plusieurs éléments ; mais c'est précisément l'évanouissement de ces éléments qui cache le rôle qu'on a tant intérêt à connaître : celui de la surface sur laquelle est décrite la courbe ; la véritable interprétation des résultats est rendue très-difficile, pour ne pas dire impossible, à cause des éléments inhérents à la question qui ont disparu et de ceux qui lui sont étrangers qui s'y sont introduits. En raison des avantages de cette méthode directe, nous avons essayé l'analyse des courbes à ce point de vue.

Les difficultés que nous avions à résoudre étaient nombreuses et d'un ordre élevé, et si nous sommes parvenus à les surmonter nous le devons à l'introduction d'un élément nouveau dont nous avons éprouvé la valeur dans nos différentes recherches sur les surfaces, recherches accueillies avec faveur par l'Académie des Sciences de Paris. Cet élément est la *courbure inclinée*. Nous appelons ainsi, dans un système quelconque de coordonnées, le rapport de l'angle de deux tangentes infiniment voisines de deux lignes coordonnées d'une même série à l'arc qu'elles déterminent sur la ligne coordonnée de l'autre série ; la direction de cette courbure est donnée par la direction de l'arc du cercle infiniment petit qui mesure cet angle. Ainsi définie, cette courbure n'offre rien que de précis en intensité et en direction ; elle possède plusieurs avantages dont le plus grand est de remplacer, par un seul, plusieurs éléments géométriques que l'on serait obligé de faire intervenir, si l'on ne faisait usage de la courbure inclinée ; de là résulte qu'elle facilite les démonstrations, qu'elle condense les formules, tout en leur laissant un caractère géométrique.

Les formules fondamentales auxquelles la courbure inclinée donne naissance sont d'une grande simplicité et d'une non moins grande importance, formant plusieurs catégories. Les formules de la première catégorie sont celles qui sont relatives aux composantes de la courbure inclinée. Si l'on considère un système de coordonnées tracées sur une surface, et qu'on prenne les composantes de la courbure inclinée suivant le plan tangent et suivant la normale, on trouve des expressions simples et significatives pour ces deux composantes, la première étant la somme de la courbure géodésique de la ligne coordonnée correspondante et du rapport différentiel de l'angle des lignes coordonnées à l'arc de la première ligne, la seconde se composant linéairement par rapport à la composante normale de la courbure propre de la ligne coordonnée et à sa seconde courbure géodésique. Ces deux formules, dont nous faisons un usage incessant, avaient antérieurement été trouvées par nous (*Comptes rendus*, 1850-1864). Les formules relatives à la surface, à sa courbure propre, à sa courbe sphérique, à l'angle de deux normales infiniment voisines, etc., revêtent aussi un caractère de simplicité lorsqu'on y introduit les courbures inclinées des lignes coordonnées : nous exposons ces différentes expressions, qui jouent un certain rôle dans nos transformations.

Les formules de la seconde catégorie ont rapport aux variations des arcs coordonnés. Lorsque l'on fait usage des courbures inclinées, la variation d'un arc, laquelle aurait une expression complexe sans l'intervention de ces courbures, se condense en un seul terme ayant une signification géométrique nettement définie, ce terme étant la composante : suivant l'un des arcs coordonnés de la résultante des deux courbures inclinées géodésiques de ces arcs; d'une autre part, l'une quelconque de ces deux courbures s'exprime non moins simplement en fonction des variations des deux arcs coordonnés. Nous avions aussi donné antérieurement ces formules.

Les formules de la troisième catégorie expriment des relations entre les variations des courbures inclinées : les unes sont relatives aux variations des projections des courbures inclinées sur le plan tangent, les autres aux variations des projections des mêmes courbures sur la normale. Nous avions déjà donné ces formules : les unes explicitement, les autres d'une manière implicite dans des Mémoires antérieurement publiés *(Théorie des coordonnées curvilignes)*.

C'est avec ces différentes formules que nous sommes parvenu à exprimer tous les éléments d'une courbe quelconque au moyen des éléments correspondants des lignes coordonnées, les diverses expressions auxquelles nous arrivons prenant toujours une forme simple par suite des courbures inclinées. Mais lorsque nous voulons exprimer les éléments de la courbure au moyen des éléments déjà en usage parmi les géomètres, nos formules nous permettent d'arriver à ces expressions d'une manière facile.

L'exposé de ces différentes méthodes constitue la première partie de notre livre, et forme une théorie complète des lignes en général tracées sur une surface quelconque.

La seconde partie est consacrée aux applications. Par suite des formules établies dans la première partie, ces applications se présentent dans un ordre méthodique qui permet de systématiser les questions en les graduant, et d'établir rapidement les équations différentielles propres à chaque problème. Un des plus précieux avantages de cette analyse est qu'elle met en pleine évidence les cas où les équations différentielles deviennent intégrables, si elles sont du premier ordre, ou bien conduisent à des intégrales premières si elles sont du second ordre. Ainsi les théories des trajectoires, des lignes asymptotiques, des lignes de courbure, des lignes géodésiques, des lignes jouissant de telle propriété connue relative à sa courbure viennent naturellement, et par ordre, se placer dans ce cadre ; les équations que l'on obtient pour ces lignes, quoique écrites dans un système quelconque de coordonnées, rivalisent en simplicité avec celles qui se rapportent à un système particulier, et manifestent le choix qu'il faut faire du système le plus approprié à la nature des intégrations à effectuer.

La troisième partie a pour objet l'étude des courbes dans le système géodésique orthogonal. L'étude des courbes dans ce système mérite un examen particulier, par suite des facilités qu'il introduit dans le calcul, et surtout de l'analogie qui existe entre ce système et celui des coordonnées polaires dans un plan. Toutes les formules que l'on obtient par ce système dans le cas des courbes planes ont leurs analogues dans le cas des courbes tracées sur une surface traitée par le système géodésique orthogonal ; aussi, avons-nous mis un soin spécial à les calculer et à les simplifier, en mettant en relief les termes qui se rapportent à la surface, de sorte que l'on est éclairé sur le rôle qui appartient à la ligne elle-même, et sur le rôle qui appartient à la surface. Il se présente d'autres systèmes de coordonnées géodésiques résultant des précédents, et en particulier le système des coordonnées naturelles. Ce dernier système, qui semble convenir le plus aux recherches des lignes sur les surfaces, a été aussi l'objet d'une étude spéciale, et nous a permis de résoudre plusieurs questions qui n'avaient pas encore été posées.

La théorie des lignes tracées sur une surface a une parenté intime avec la théorie des surfaces applicables les unes sur les autres sans déchirure ni duplicature : nous avons montré que cette dernière théorie est un cas particulier de la précédente. Nous avons posé dans toute leur généralité les équations relatives à la déformation des surfaces ; et en traitant les questions les plus intéressantes, nous avons trouvé comme cas particulier plusieurs résultats obtenus par Bour.

33° *Sur les équations fondamentales de la théorie des surfaces applicables.*

(Comptes-rendus, 10 Mai 1869).

Edmond Bour, après avoir établi dans son mémoire sur la *Déformation des surfaces* les équations fondamentales des surfaces applicables sur une surface donnée, équations relatives au système de coordonnées composé d'une série de lignes géodésiques et de leurs orthogonales, s'exprime ainsi : « Réciproquement, on peut dire que mes équations fondamentales sont renfermées, plus ou moins implicitement, dans celles de coordonnés curvilignes, de sorte qu'il ne serait pas impossible de tirer synthétiquement de ces dernières tous les éléments de la déformation des surfaces. » Le but de l'auteur dans cette note est de tirer de sa *Théorie des coordonnées curvilignes*, non seulement les équations fondamentales de Bour, mais encore différents systèmes généraux d'équations fondamentales se rapportant à des coordonnées quelconques et également propres à résoudre le problème de la déformation des surfaces. L'auteur déduit intuitivement de ses formules quatre systèmes généraux d'équations fondamentales. Le plus simple est celui dans lequel les inconnues du problème sont précisément les composantes normales des *courbures inclinées* des lignes coordonnées, c'est ce système qui contient, comme cas particulier, les équations de Bour. Les caractères de ces divers systèmes sont mis en relief.

34° *Analyse infinitésimale des courbes quelconques.*

(Anales de l'Ecole Normale supérieure, tom. VI. 1869).

Après avoir résolu dans son livre le problème des courbes tracées sur une surface quelconque, l'auteur s'est occupé, dans ce Mémoire, de la résolution du problème des courbes rapportées à un système de trois coordonnées curvilignes quelconques. Les divers éléments de la courbe s'expriment alors en fonction des éléments analogues des trois lignes coordonnées. L'introduction des *Courbures inclinées* dans le calcul conduit à des relations générales d'une grande simplicité par suite de la condensation en un seul de plusieurs éléments. Il en résulte des théorèmes intéressants de géométrie curviligne. L'utilité de ces formules et de ces théorèmes est mise en évidence par leur application aux problèmes du mouvement d'un corps, de la figure d'équilibre d'un fil, et du mouvement de la chaleur dans les corps cristallins.

35° *Sur les Roulettes en général.*

(Comptes-rendus, 2 Mai 1870 ; — Mémoires de l'Académie
de Marseille, 1870).

Les Géomètres ont exercé leur sagacité sur le problème des *Roulettes*, mais ils ont examiné principalement deux cas : celui des roulettes planes , et celui des roulettes sphériques. L'auteur a résolu le problème dans toute sa généralité, après l'avoir posé de la manière suivante : « Une courbe C' roule sans glissement sur une autre courbe C, de telle sorte, qu'au point de contact, les plans osculateurs des deux courbes coïncident ; un point A' lie invariablement avec la courbe C' engendre une courbe qui est appelée *Roulette* ; nature de cette courbe. » L'auteur donne les équations de la roulette , celles de la tangente et du rayon de courbure. Ces équations sont simples et expressives, et conduisent à des théorèmes importants sur la rectification des roulettes de cet ordre.

Les travaux mathématiques de cette seconde période ont été l'objet d'un rapport favorable du Comité des Sociétés savantes et ont valu à l'auteur une Médaille d'argent, décernée par S. E. le Ministre de l'Instruction publique, à la séance solennelle de la distribution des récompenses aux sociétés savantes, relative au concours de 1869.

§ III

DISCOURS ET ÉTUDES SCIENTIFIQUES (suite).

9ᵉ *Étude sur le Père Pézenas, Directeur de l'ancien Obser-vatoire de Marseille, Professeur Royal d'Hydrographie.*

(Mémoires de l'Académie de Marseille, 1870).

10° *Étude sur Saint-Jacques de Silvabelle, Directeur de l'ancien Observatoire de Marseille, Membre correspon-dant de l'Institut.*

(Mémoires de l'Académie de Marseille, 1870).

MARSEILLE, le 25 Mai 1870.

L'abbé AOUST.

N. B. — L'auteur regrette de n'avoir pu donner aux di-verses parties qui composent la *Notice sur ses travaux mathé-matiques* tous les développements nécessaires et qu'il aurait donnés s'il en avait eu le temps. Par suite de l'urgence, il s'est vu contraint de ne fournir que des indications rapides sur ses *Mémoires*, et souvent de n'en transcrire que les titres. Il n'a pu insister, comme il aurait dû le faire, sur les trois ouvrages originaux qu'il a publiés : le premier, ayant pour titre : *Recherches sur les surfaces du second degré.* le second, *Théorie des coordonnées curvilignes quelconques*, et le troisième, *Analyse infinitésimale des courbes tracées sur une surface quel-conque.* Ces trois livres contiennent un ensemble de questions nouvelles, et pour le fond et pour la forme, constituant un corps de doctrine géométrique dont l'unité et la fécondité sont les caractères. Ces publications, malgré quelques imperfections de détail, ont été accueillies avec faveur par les géomètres. L'auteur espère qu'il lui sera tenu compte de l'impossibilité où il est, dans les circonstances présentes, de faire connaître les deux premiers par des analyses suffisamment développées.

Marseille. — Typ. et Lith. Barlatier-Feissat Père et Fils, imprimeurs de l'Académie.

DEUXIÈME NOTICE SUPPLÉMENTAIRE

—

TRAVAUX PUBLIÉS DEPUIS 1870

36° *Théorie des coordonnées curvilignes, 4ᵐᵉ partie.*

(*Annali di Matematica.* Série II, tom. V).

Dans cette quatrième partie, l'auteur généralise la
conception de la courbure inclinée et arrive à un théorème unique de géométrie, qui fournit toutes les solutions que l'on puisse donner du problème des coordonnées curvilignes quelconques. Une solution complète
du problème contient neuf équations aux différences
partielles, par rapport à certaines quantités qui sont de
l'ordre des courbures ; or, les diverses solutions du
même problème se distinguent entre elles par le choix
que l'on fait de ces quantités. Le théorème dont il s'agit
donne, non-seulement toutes les équations propres à
une solution, mais encore toutes les solutions que l'on
puisse imaginer. Il se traduit analytiquement par une
équation générale de forme binôme dans laquelle se
trouvent condensées toutes les équations de la solution
que l'on veut obtenir d'après le choix que l'on fait des
inconnues.

L'auteur en fait l'application aux diverses solutions
qu'il a données du problème des coordonnées curvilignes et aux solutions données par les autres géomètres,
postérieures en date à celles qu'il a publiées lui-même
en 1859 et 1862. (*Rapport sur les progrès de la géométrie,*
par Chasles, pag. 203, 348). Cette postériorité de dates
est reconnue par les géomètres qui se sont occupés de ce
problème général, et par M. Codazzi lui-même, dont les

beaux travaux sur cette matière sont connus de tout le monde. Voici comment il s'exprime :

Il signor Prof. Aoust ha gia trattato in un modo bastantamente esteso il problema generale delle coordinate curvilinée dello spatio... del qual lavoro io non aveva cognizione quando stampavo la mia Memoria prima. (Annali di Matematica, série ii, tom. iv, pag. 10).

37° Analyse infinitésimale des courbes planes.

(Paris, Gauthier-Villars, 1873).

Ce livre, qui a obtenu la médaille d'or au concours des Sociétés savantes de 1874, est principalement un livre de recherches ; l'honorable rapporteur du concours l'a caractérisé d'une manière flatteuse et l'a signalé comme rempli de vues originales.

La méthode analytique que l'on y a suivie a pour but de consacrer ce principe que, dans l'étude d'une courbe, il est plus simple de n'introduire aucun élément étranger à la courbe. Dans cet ordre d'idées, l'usage des *coordonnées naturelles* s'impose de lui-même ; alors les formules générales qui donnent les propriétés de la courbe sont plus laconiques et plus significatives, et, en même temps, cette analyse permet d'aborder un ordre plus difficile et plus étendu de questions. C'est ainsi qu'on a pu traiter avec de nombreux perfectionnements :

1° La théorie des développées et des développantes obliques d'un ordre quelconque ;

2° La théorie des roulettes, des podaires et des caustiques dans toute leur généralité ;

3° L'étude des lignes engendrées par le mouvement d'une figure invariable de forme, ou variable d'après les lois données ;

4° La théorie des transformations simples et des transformations doubles des figures ;

5° L'étude complète des coordonnées curvilignes et des courbes rapportées à un système quelconque de coordonnées.

Dans ces différentes questions, on déduit du principe de la *courbure inclinée* des formules simples relatives à la tangente, au rayon de courbure, à la rectification et à la quadrature de la courbe, ainsi que des constructions faciles des éléments dont il s'agit. La plupart de ces formules sont nouvelles.

38° *Des courbes conjuguées.*

(Mémoires de l'Académie des Sciences, Arts et Belles-Lettres de Marseille, 1872).

L'auteur appelle *conjuguées par rapport à une surface du second degré donnée de position*, deux séries de courbes tracées sur une surface quelconque, lorsque les tangentes, au point d'intersection d'une quelconque des courbes de la première série avec une quelconque des courbes de la seconde, sont parallèles aux diamètres conjugués de la section faite dans la surface du second degré, parallèlement aux deux tangentes ; la question consiste à obtenir les propriétés générales de ces courbes et à déterminer une des deux séries de courbes lorsque l'autre est connue.

Cette question nouvelle qui contient, comme cas particulier, la théorie des courbes qui se coupent orthogonalement, et, comme conséquence immédiate, la théorie des surfaces orthogonales, est susceptible d'une solution simple et générale. Le principe de transformation homologique permet d'obtenir, dans le premier cas, l'équation différentielle des courbes, et dans le second, l'équation aux différences partielles des surfaces, mais il ne pourrait fournir les intégrales de ces courbes et de ces surfaces, à l'exception de quelques cas particuliers.

39° *Intégrales des courbes qui ont même surface polaire*

(Comptes rendus tom. LXXVIII : *Annali di Matematica,*
série. II, tom. V).

Cette question avait déjà été résolue par M. Serret,
par une méthode qui est, aux yeux de l'auteur, un
modèle d'analyse. L'auteur, en traitant ce problème
après cet éminent analyste, n'a pas eu la prétention de
faire mieux, mais simplement de montrer comment on
obtient d'emblée les intégrales premières et secondes
des équations différentielles de la question au moyen des
équations qu'il avait données du problème général des
roulettes. (Comptes-rendus, tom. LXX, p. 978).

40° *Analyse infinitésimale des courbes dans l'espace.*

(Paris, Gauthier–Villars, 1875).

Ce troisième livre sur l'analyse des courbes, destiné
à clore la suite des recherches que l'auteur avait faites
sur cet important sujet, a été déjà présenté au Comité
des Sociétés savantes et a été l'objet d'un rapport favorable de M. Puiseux. Ce travail est en cours d'impres-
sion et paraîtra avant la fin de l'année courante.

MARSEILLE, 20 Juillet 1875.

L'ABBÉ AOUST.

Marseille.—Typ. et Lith. Barlatier-Feissat Père et Fils, imprimeurs de l'Académie.